MW00898533

www.madht.co

Made in the USA
Las Vegas, NV
22 October 2024

10284611R00057